LETTRES
PATENTES
DV ROY,
EN FORME D'EDICT.

feurier 1641.

Publiées en Parlement, sa Majesté
y estant presente, le vingt-
vniéme Feurier 1641.

A PARIS;

Par ANTOINE ESTIENE, Premier
Imprimeur & Libr. ordinaire du Roy.

Ruë S. Iacques au College Royal, deuant S. Benoist.

M. DC. XLI.

Auec Priuilege de sa Majesté.

(5)

LOVIS par la grace de Dieu Roy de France & de Nauarre, A tous presens & à venir, Salut. Il n'y a rien qui conserue & qui maintienne dauantage les Empires, que la puissance du Souuerain egalement recognuë par ses Subjets: Elle rallie & réünit si heureusement toutes les parties de l'Estat, qu'il naist de ceste vnion, vne force qui asseure sa grandeur & sa felicité. Il semble que l'Establissement des Monarchies estant fondé sur le gouuernement d'vn seul, cét ordre est comme l'ame qui les anime, & qui leur inspire autant de force & de vigueur qu'il a de perfection. Mais comme ceste authorité absoluë porte les Estats au plus haut point de leur gloire, aussi lors qu'elle se trouue affoiblie, on les void en peu de temps déchoir de leur dignité. Il ne faut point sortir de la France pour trouuer des exemples de ceste vérité, les regnes des Roys nos Predecesseurs en fournissent assez. On a veu ceste Couronne preste de tomber, sous la domination de ceux à qui elle deuoit plustost commander. Les desordres & les diuisions funestes de la Ligue qui doiuent estre enseuelies dans vn eternel oubly, prirent

leur naiſſance & leur accroiſſement dans
meſpris de l'authorité Royale. Elle fuſt tel-
ment ébranlée par les entrepriſes injuſtes
ceux qui deuoient plus la reuerer, que ſi Die
protecteur des Roys, n'euſt preuenu leurs ma
uais deſſeins, le Sçeptre euſt peut-eſtre, et
arraché de la main d'vn Prince legitime, po
paſſer en la main d'vn vſurpateur. Henry
Grand noſtre tres-honoré Seigneur & Pere, e
qui Dieu auoit mis les plus rares & les plus e
cellentes vertus d'vn grand Prince, ſuccedan
à la Couronne de Henry III. releua par 1
valeur l'authorité Royale, qui eſtoit comm
abbatuë & foulée aux pieds. Il luy rendit l'é
clat de ſa Majeſté, preſque effacée par la deſo
beïſſance & par la rebellion des Peuples : Et a
milieu des plus grands deſordres de l'Eſtat, l
France qui eſtoit vne image d'horreur & d
confuſion, deuint par ſa vertu le modelle par
fait des Monarchies les plus accomplies. Mai
lorſque plus puiſſante & plus glorieuſe qu'elle
n'auoit jamais eſté, elle recueilloit dans vn pro-
fond repos les fruicts des labeurs de ſon Mo-
narque incomparable, elle luy vid finir ſe
jours au meſme temps qu'elle le deſiroit im-
mortel pour ſa felicité. Alors nous commen-
çaſmes de regner eſtant encore dãs la minorité
Mais cõme il eſtoit difficile, que le regne d'vr

Prince en vn si bas âge fust côduit auec la force
& auec la vigueur si necessaires pour mainte-
nir l'authorité Royale au point où nostre tres-
honoré Seigneur & Pere l'auoit mise, l'on vid
aussi que dés l'entrée de nostre regne, elle re-
ceut de dangereuses atteintes. Nostre Cour de
Parlement de Paris, quoy que portée d'vn bon
mouuement, entreprit par vne action qui n'a
point d'exemple, & qui blesse les Loix fonda-
mentales de ceste Monarchie, d'ordonner du
gouuernement de nostre Royaume & de nostre Personne. Et les circonstances du temps
empescherent que l'on apportast remede à vn
si grand mal. La dissimulation dont on vsa en
ceste rencontre, persuada à nos Officiers que
l'on approuuoit leur conduite : Et sur ce fonde-
ment, ceste Compagnie croyant qu'apres auoir
disposé du gouuernement de l'Estat, elle pou-
uoit en censurer l'administration, & demander
compte du maniement des affaires publiques,
Resolut par vn Arrest, que les Princes, Ducs,
Pairs & Officiers de la Couronne qui auoient
seance & voix deliberatiue en nostredite
Cour, seroient inuitez de s'y trouuer, pour ad-
uiser sur ce qui seroit proposé pour le bien de
nostre seruice. En suitte les factions commen-
cerent à se former dans l'Estat, & nous pouuons dire, qu'elles n'y ont esté dissipées que

depuis que nous auons rendu à l'authorité
Royale la force & la majesté qu'elle doit auoir
en vn Estat Monarchique, qui ne peut souffrir
qu'on mette la main au Sceptre du Souuerain
& qu'on partage son authorité. Ainsi apres que
nous auons affermy l'authorité Royale, la
France a repris sa premiere vigueur, & au lieu
qu'elle s'affoiblissoit par ses diuisions, elle s'est
renduë si puissante, que ses actions ont causé
de l'admiration à toute l'Europe, Et par des
effects qu'on aura peine de croire vn iour, elle
a fait voir que la puissance reünie en la personne du Souuerain, est la source de la gloire &
de la grandeur des Monarchies, & le fonde-
ment sur lequel est appuyée leur conseruation.
Mais parce qu'il ne suffit pas d'auoir éleué cét
Estat en vn si haut degré de puissance, si nous
ne l'affermissions en la personne mesme de nos
successeurs, Nous desirons de l'establir par de
si bonnes Loix, que la Lignée dont il a plû à
Dieu d'honorer nostre couche, ayt vn regne si
heureux & vn Trosne si asseuré, que rien n'y
puisse apporter aucun changement. Or comme l'authorité Royale n'est jamais si bien af-
fermie, que lors que tous les Ordres d'vn Estat
sont reglez dans les fonctions qui leur sont
prescrites par le Prince, & qu'ils agissent dans
vne dependance parfaite de sa puissance, Nous

nous sommes resolus d'y apporter vn Reglement general. Et cependant comme l'administration de la Iustice en est la plus importante
partie, Nous auons estimé necessaire de com-
mencer à en regler les fonctions, & de faire
cognoistre à nos Parlemens l'vsage legitime
de l'authorité que les Roys nos predecesseurs
& nous, leur auons deposée, afin qu'vne chose
qui est establie pour le bien des Peuples, ne
produise des effets contraires, comme il arri-
ueroit si les Officiers au lieu de se contenter de
cette puissance qui les rend Iuges de la vie, de
l'honneur & des fortunes de nos Subjets, vou-
loient entreprendre sur le gouuernement de
l'Estat qui n'appartient qu'au Prince. A ces
cavses, Apres auoir veu diuers Reglemens
faits par les Roys nos Predecesseurs & par
nous sur le faict de la Iurisdiction & pouuoir de
nos Cours de Parlemens, Et premierement,
ce qui a esté ordonné par le Roy Iean, Qu'il ne
seroit traitté d'aucunes matieres d'Estat en nos-
dites Cours de Parlemens, si ce n'est par Commission speciale, & qu'elles auroient seulemét
la cognoissáce du fait de la Iustice. Les Lettres
Patentes en forme de Declaratió du Roy Fran-
çois I. registrées en nostre Cour de Parlement
de Paris, par lesquelles il defend à ladite Cour
de s'entremettre en quelque façon que ce soit

du faict de l'Eſtat, ny d'autre choſe que de l.
Iuſtice, Declare nul & de nul effet tout ce qu
les Officiers de ladite Cour feront au côtraire
Ordonne que tous les ans ils prendrôt Lettre
en general de leur pouuoir & delegation en l.
forme & maniere qu'il auoit eſté fait auparauât
Defend en outre à ladite Cour, d'vſer d'aucu
nes limitations, modifications ou reſtriction.
ſur les Ordonnances, Edicts & Lettres en for
me de Chartres : Veut qu'en cas que l'on iuge
qu'aucune choſe y doiue eſtre adiouſtée ou di-
minuée, qu'ils luy en donnent aduis. Arreſt
du Conſeil d'Eſtat, le Roy Charles neufiéme
ſeant en iceluy, par lequel apres auoir entendu
les Remonſtrances de la Cour de Parlement
de Paris, ſur ce qu'elle auoit differé de publier
l'Ordonnance de ſa Majorité, il caſſe & reuo-
que tout ce qui auoit eſté fait par ladite Cour
ſur ce ſujet, le declare nul comme donné par
des Iuges auſquels la cognoiſſance des affaires
d'Eſtat n'appartient aucunement, auec defenſes à l'aduenir de mettre en diſpute, ny autre-
ment deliberer ſur les Edicts & Ordonnances
qui leur ſeront enuoyées és choſes qui appar-
tiendront à l'Eſtat : ledit Arreſt regiſtré en ladite Cour de Parlement de Paris. Arreſt dôné
en noſtre Conſeil, nous y ſeant, par lequel a-
pres auoir veu l'Arreſt de noſtredite Cour de

Parle-

Parlement de Paris, qui ordōnoit que les Princes, Ducs, Pairs, & Officiers de la Couronne
qui ont seance & voix deliberatiue en ladite
Cour, seront inuitez de s'y trouuer, pour ad-
uiser auec eux aux propositions qui seroient
faites pour nostre seruice, Nous auons cassé &
reuoqué ledit Arrest, auec defenses à nostredite Cour de s'entremettre des affaires d'Estat,
sinon lors qu'il leur sera commandé: Et afin que
la memoire de cette desobeïssance fust du tout
esteinte, que l'Arrest & les remonstrances dres-
sées en suite, seroient biffées & tirées du Re-
gistre. Arrest donné en nostre Conseil, nous
y seant, par lequel l'Arrest de nostredite Cour
de Parlement, qui faisoit defenses de payer le
droict Annuel, & ordonnoit que Commission
seroit deliurée au Procureur General pour in-
former sur les desordres & dissipation preten-
duë de nos Finances, est cassé & annullé, & ordonné qu'il sera biffé & tiré des Registres, auec
defenses à ladite Cour de s'entremettre ny prē-
dre aucune cognoissance à l'aduenir des affaires de l'Estat & gouuernement, sinon lors qu'ils
en auront receu exprés commandement. Arrest de nostre Conseil, nous y seant, par lequel
apres auoir veu l'acte de deliberation de nostre
dite Cour de Parlemēt de Paris, sans auoir pris
aucune resolution sur l'enregistrement de nos

Lettres Patentes en forme de Declaration côtre ceux qui estoient sortis du Royaume à la
suitte de nostre tres-cher & tres-aimé Frere le
Duc d'Orleans, ladite deliberation est cassée &
declarée nulle comme temeraire & faite côtre
les loix & vsances du Royaume par personnes
priuées & sans pouuoir en ce regard, Auec defenses à nostredite Cour de Parlemét de mettre à l'aduenir en deliberation telles & sembla-
blables declarations concernant les affaires
d'Estat, administration & gouuernement d'i-
celuy, Et que l'acte de la deliberation seroit ti-
tiré des registres de ladite Cour. Et apres que
tous les susdits reglemens ont esté meurement
examinez en nostre Conseil, Novs auons de
l'Aduis d'iceluy, & de nostre certaine science,
plaine puissance & authorité Royale, Dit &
declaré, disons & declarons, Que nostredite
Cour de Parlement de Paris, & toutes nos autres Cours, n'ont esté establies que pour ren-
dre la Iustice à nos Subjets, leur faisons tres-
expresses inhibitions & defenses, non seulemét
de prendre à l'aduenir cognoissance d'aucunes
affaires semblables à celles qui sont cy-deuant
enoncées, mais generalement de toutes celles
qui peuuent concerner l'Estat, administration
& gouuernement d'iceluy que nous reseruons
à nostre personne seule & de nos successeurs

Rois, ſi ce n'eſt que nous leur en donnions le
pouuoir & commandement ſpecial par nos
Lettres Patentes , nous reſeruant de prendre
ſur les affaires publiques les aduis de noſtredite
Cour de Parlement , lors que nous le iugerons
à propos pour le bien de noſtre ſeruice. Declarons dés à preſent toutes Deliberations & Ar-
reſts qui pourront eſtre faits à l'aduenir contre l'ordre de la preſente Declaration , nulles
& de nul effet, comme faites par perſonnes qui
n'ont aucun pouuoir de nous de s'entremettre
du gouuernement de noſtre Royaume. Voulons qu'il ſoit procedé contre ceux qui ſe trou-
ueront en pareilles deliberations, comme deſ-
obeiſſans à nos commandemens & entrepre-
nans ſur noſtre authorité. Et dautant que noſtredite Cour de Parlement de Paris a ſouuent
arreſté l'execution des Edicts & Declarations
verifiées en noſtre preſence, & ſeant en noſtre
lict de Iuſtice, comme ſi nos Officiers vouloiét
reuoquer en doute la verification des Edicts
faits de noſtre authorité ſouueraine ; N o v s
voulons & entendons que les Edicts & Declarations qui auront eſté verifiez en ceſte forme,
ſoient pleinement executez ſelon leur forme
& teneur, Faiſans defenſes à noſtredite Cour
de Parlement de Paris & toutes autres, d'y apporter aucun empeſchement, ſauf neantmoins

B ij

à nosdits Officiers de nous faire telles remonstrances qu'ils aduiseront estre sur l'execution des Edicts pour le bien de nostre seruice:
Apres lesquelles remonstrances, nous voulons
& entendons qu'ils ayent à obeyr à nos volon-
tez, & faire executer les Edicts suiuant la verification qui en aura esté faite de nostre authorité, si ainsi leur ordonnons. Et quant aux
Edicts & Declaratiõs qui leur seront enuoyées
concernant le gouuernement & administration de l'Estat, Nous leur commandons & enioignons de les faire publier & enregistrer sans
en prendre aucune cognoissance, ny faire aucune deliberation sur iceux. Et pour les Edicts
& Declarations qui regarderont nos Finances,
Novs voulons & entendons que lors qu'ils
leur seront enuoyez, s'ils y trouuent quelque
difficulté en la verification, qu'ils se retirent
par deuers nous pour nous les representer, afin
que nous y pouruoyons ainsi que nous le iugerons à propos, sans qu'ils puissent de leur authorité y apporter aucunes modifications ny
changemens, ny vser de ces mots, Nous ne
deuons, ny ne pouuons, qui sont iniurieux à
l'authorité du Prince. Et en cas que nous iu-
gions que les Edicts doiuent estre verifiez &
executez en la forme que nous les aurons enuoyez, apres auoir entendu les remonstrances

fur iceux, Nous voulons & entendons, qu'a-
pres en auoir receu noftre commandement,
ils ayent à proceder à la verification & enregi-
ftrement toutes affaires ceffantes, fi ce n'eft
que nous leur permettions de nous faire de fe-
condes remonftrances, apres lefquelles nous
voulons qu'il foit paffé outre fans aucun delay.
Et attendu que la defobeïffance qui nous a efté
renduë par noftredite Cour de Parlement de
Paris à l'execution de l'Edict de creation de
quelque nombre de Confeillers en icelle, ne
peut eftre diffimulée plus longuement fans
bleffer noftre authorité, ayant à la veuë de
tout le monde empefché ceux qui font pourueus defdites charges, d'en faire iufques icy
librement toutes les fonctions, quelque ex-
pres commandemét qu'ils en ayent receu de
nous, Nous auons eftimé à propos, pour leur
faire cognoiftre que la fubfiftance des charges
ne dépend que de nous, & que la fuppreffion
& la creation eft vn effet de noftre puiffance,
de fupprimer les charges de ceux aufquels par
bonté, nous auions fait feulement commandement de fe retirer de ladite Compagnie,
auec defenfes d'y entrer, iufques à ce qu'autre-
ment par nous en euft efté ordonné : Et pour
cét effet, nous auons de noftre certaine fcien-
ce, plaine puiffance & authorité Royale, dés à

prefent efteint & fupprimé, efteignons & fup-
primons les charges de Confeiller Prefident
aux Enqueftes, dont eft pourueu Maiftre
Barillon, & les charges de Confeillers en noftredite Cour de Parlement, dont
font pourueus Me Paul Scaron l'aifné, Bitaut,
Seuin & Salo, nous referuant de pouruoir à
leur rembourfement ainfi que nous le iugerons à propos. Faifons tres-expreffes inhibitions & defenfes à noftredite Cour de Parlement, de leur donner aucune entrée à l'aduenir en leur Compagnie, & nos fubiets de les
recognoiftre pour Officiers, & à eux de prêdre
à l'aduenir la qualité d'Officiers, afin que l'exê-
ple de la peine encouruë en leur perfonne, re-
tienne les autres Officiers en leur deuoir.
Nous auons cy-deuant fur les plaintes qui
nous ont efté fouuent faites, que la difcipline
eftoit beaucoup relachée dans nos Cours de
Parlemens, & que nos Officiers ne tenoient
conte de fe comporter auec la modeftie & re-
tenuë bien feante en vn Iuge, ny d'obferuer
exactement les Reglemens portez par nos Ordonnances, Ordonné que les Mercuriales fe
tiendroient tous les trois mois, & que les deliberations qui feroient faites, feroient enuoyées à noftre tres-cher & feal le Sieur Se-
guier, Chancelier de France, pour nous en

donner aduis. Et dautant que iufques icy, au grand preiudice de noftre feruice & du bien de la Iuftice, noftre volonté n'a point efté exe-cutée, Nous ordonnons & enioignons à no-ftredite Cour de Parlement & toutes autres, de tenir les Mercuriales de trois en trois mois en la forme portée par nos Ordonnances, & à noftre Procureur General d'y faire les propofi-tions qu'il iugera à propos pour le bien de la Iuftice & de noftre feruice. Et attendant que nous puiffions par vn Reglement general, pouruoir aux defauts qui fe font introduits en l'ordre de la Iuftice par l'inexecutiõ des Ordon-nances, Nous voulons & ordonnons que les Reglemens portez par nos Ordonnances fur le fait du procez des Commiffaires, foient executez felon leur forme & teneur, declarant dés à prefent tous iugemens qui interuiendrõt fur les procez qui feront veus par grands ou petits Commiffaires hors les cas portez par nofdites Ordonnances, nuls & de nul effet, Voulons que les frais qui auront efté faits en la vifitation des procez côtre nos Reglemens, foient repetez à l'encontre des Iuges qui y auront affifté.

SI DONNONS EN MANDEMENT à nos amez & feaux Confeillers les Gens tenans noftre Cour de Parlement de Paris, Que ces

presentes ils ayent à faire lire, publier & regi-
strer, & le contenu en icelles punctuellemen
garder & obseruer, sans qu'il y puisse estre con-
treuenu en aucune sorte & maniere que ce
soit Enioignons à nostre Procureur Genera
de faire les diligences & requisitions necessaires pour l'execution des presentes : CAR te
est nostre plaisir. Et afin que ce soit chose fer-
me & stable à tousiours, nous auons fait mettre nostre Sel à cesdites presentes. DONNE'
à Sainct Germain en Layë au mois de Feurier
l'an de grace mil six cens quarente-vn, & de
nostre regne le trente-vniéme. Signé, LOVIS,
à costé, visa, Et plus bas , Par le Roy , DE
LOMENIE : Et scellé sur lacs de soye rouge
& verte du grand Seau de cire verte. Et en-
cor est écrit :

Leu, publié & registré, Ouy ce requerant
& consentant le Procureur General du Roy,
pour estre executé selon sa forme & teneur,
A Paris en Parlement le Roy y seant, le
vingt-vniéme iour de Feurier mil six cens
quarente-vn. Signé , D V T I L L E T.